Rilke | Dir zur Feier

Rainer Maria Rilke

Dir zur Feier

Eine Liebeserklärung

Mit einem Nachwort von Gunna Wendt

RECLAM

2021 Philipp Reclam jun. Verlag GmbH,
Siemensstraße 32, 71254 Ditzingen
Umschlaggestaltung: zero-media.net
Umschlagabbildung: FinePic®
Druck und buchbinderische Verarbeitung:
CPI books GmbH, Birkstraße 10, 25917 Leck
Printed in Germany 2021
RECLAM ist eine eingetragene Marke
der Philipp Reclam jun. GmbH & Co. KG, Stuttgart
ISBN 978-3-15-011329-5

Auch als E-Book erhältlich

www.reclam.de

FSC www.fsc.org
MIX
Papier aus verantwortungsvollen Quellen
FSC® C083411

Inhalt

Geschrieben für Lou Andreas-Salomé

Ich möchte dir ein Liebes schenken,
das dich mir zur Vertrauten macht:
aus meinem Tag ein Deingedenken
und einen Traum aus meiner Nacht.

Mir ist, dass wir uns selig fänden
und dass du dann wie ein Geschmeid
mir löstest aus den müden Händen
die niebegehrte Zärtlichkeit.

Du meine Hohe, weise
mich weiter auf deiner Bahn;
komm und tu mir leise
Wunder um Wunder an.

Ich habe viel gelitten,
vieles starb und brach, –
jetzt geh ich mit blinden Schritten
deinem Leben nach.

Sehr alte Schmerzen rücken
zurück in ein Verzeihn,
mir baun sich goldne Brücken
zu deinem Gütigsein.

Ob auch die Stunden uns wieder entfernen:
wir sind immer beisammen im Traum
wie unter einem aufblühenden Baum.
Wir werden die Worte, die laut sind, verlernen
und von uns reden wie Sterne von Sternen, –
alle lauten Worte verlernen:
wie unter einem aufblühenden Baum.

Ich möchte Purpurstreifen spannen
und möchte füllen bis zum Rand
mit Balsamöl aus Onyxkannen
die Blumenlampen, die entbrannt
im Mittag flammen, und verbrennen
bis wir uns mit dem Namen nennen,
der Sterne ruft und Tage bricht;
die Täler taun, die Winde fallen
den Dingen in den Schoß und allen
ist bang nach deinem Angesicht.

Mein Leben ist wie leise See:
Wohnt in den Uferhäusern das Weh,
wagt sich nicht aus den Höfen.
Nur manchmal zittert ein Nahn und Fliehn:
aufgestörte Wünsche ziehn
darüber wie silberne Möwen.

Und dann ist alles wieder still …
Und weißt du was mein Leben will,
hast du es schon verstanden?
Wie eine Welle im Morgenmeer
will es, rauschend und muschelschwer,
an deiner Seele landen.

Leise ruft der Buchenwald.
Winkt mit seinen jungen Zweigen
weit hinaus ins Wiesenschweigen.

Kommt mein blonder Liebling bald
mir die tiefen Wege zeigen,
wo die Lichter wie Elfen reigen?

Kommt mein blonder Liebling bald?

Grüßend wird meine Seele sich neigen.
Meine Seele ist maieneigen
wie der rufende Buchenwald.

… Für die wir uns die Träume gaben
war eine Nacht so sanft und lind,
drin alle Brunnen Feen haben,
und auch die träumerischen Knaben
vergessen Schätze zu ergraben,
weil alle Dinge kostbar sind.

Da hörte ich dich noch von ferne,
und deine liebe Stimme schien
als wohntest du im ersten Sterne …

Ich stand in meiner Taltaverne
und suchte ihn.

Ich geh dir nach, wie aus der dumpfen Zelle
ein Halbgeheilter schreitet: in der Helle
mit hellen Händen winkt ihm der Jasmin.
Ein Atemholen hebt ihn von der Schwelle, –
er tastet vorwärts: Welle schlägt um Welle
der großbewegte Frühling über ihn.

Ich geh dir nach in tiefem Dirvertrauen.
Ich weiß deine Gestalt durch diese Auen
vor meinen ausgestreckten Händen gehn.
Ich geh dir nach, wie aus des Fiebers Grauen
erschreckte Kinder gehn zu lichten Frauen,
die sie besänftigen und Furcht verstehn.

Ich geh dir nach. Wohin dein Herz mich führe
frag ich nicht nach. Ich folge dir und spüre
wie alle Blumen deines Kleides Saum ..

Ich geh dir nach auch durch die letzte Türe,
ich folge dir auch aus dem letzten Traum …

Leise hör ich dich rufen
in jedem Flüstern und Wehn.
Auf lauter weißen Stufen,
die meine Wünsche sich schufen,
hör ich dein Zu-mir-gehn.

Jetzt weißt du von dem Gefährten,
und dass er dich liebt ... das macht:
es blühen in seinen Gärten
die lang vom Licht gekehrten
Blüten, blühn über Nacht ...

Das Land ist licht und dunkel ist die Laube,
und du sprichst leise und ein Wunder naht.
Und jedes deiner Worte stellt mein Glaube
als Betbild auf an meinen stillen Pfad.

Ich liebe dich. Du liegst im Gartenstuhle,
und deine Hände schlafen weiß im Schooß.
Mein Leben ruht wie eine Silberspule
in ihrer Macht. Lös meinen Faden los.

Zwei weiße Nonnenhände mühen
nie sich um einen lichten Preis,
zwei weiße Nonnenhände blühen,
ohne dass es der Frühling weiß.

Zwei weiße Nonnenhände halten
nichtmehr das Leben, das sie umspinnt;
müssen sich fest zusammenfalten,
weil sie beide so einsam sind.

Deine Stube mit den kühlen
Rosen in den vielen Vasen,
drinnen wir in tiefen Stühlen
lehnten, leise Lieder lasen –
und mein Auge sehnte zag:

ist die einsame Kapelle,
welche Zuflucht mir bedeutet;
warten will ich an der Schwelle,
bis mir deine Stimme läutet
meinen Lebensfeiertag.

Der Regen greift mit seinen kühlen
Fingern uns die Fenster blind;
wir lehnen in den tiefen Stühlen
und lauschen, wie aus müden Mühlen
die leise Dämmerstunde rinnt.

Und dann spricht Lou. Und es verneigen
sich unsre Seelen. Auch der Strauß
am Fenster grüßt aus hohen Zweigen,
und wir sind alle heimateigen
in diesem leisen weißen Haus.

Wir lächeln leis im Abendwind,
wenn sich die Blumen schwankend küssen
und wenn die Vögel müde sind.
Weil wir nicht mit der Sonne müssen,
die breit auf flachen Abendflüssen
aus unsern Wiesentalen rinnt.

Wir bleiben, und wir sehn die Nacht
aufwachsen, weit und Wunder werden,
sehn Berge, Bilder und Gebärden
viel größer als wir je gedacht.
Sehn, was die Blüten nicht ertrügen,
was Vögel erst nach langen Flügen
erreichen würden, stellt sich nah
und was am Morgen schon erstarrt
in Stille ist und Gegenwart,
wir kannten es, als es geschah …

Du, wie heilig sind die Abendhaine.
Sonne hat dein Blondhaar sich geraubt,
meine Seele betet und die deine
tut die Wunder, die sie von ihr glaubt.

Ein ganz weißes Dorf geht fern verloren,
bleicher breitet sich der Fluss und glatt –
und wir warten an den letzten Toren
auf ein Winken aus der Sternenstadt.

Unsere Liebe hat keine Gewalten.
So will uns unsere Liebe sehn:
dass wir uns bei den Händen halten
und durch Gesichte und Gestalten
ihrem Garten entgegengehn.

Keine Tore dürfen wir sprängen
auf dem weiten Wandern ins Glück;
aber, wenn uns in Gartengängen
reife Ranken den Weg verhängen,
drängen wir sie zärtlich zurück.

Suchen kommt mich in Abendgeländen
eine Stunde, die segnen kann.
Und mit hellen heiligen Händen
rührt sie leise mein Leben an.

Und sie greift in gebenden Gnaden
in seine Tiefen wie in ein Spind,
öffnet alle unsichtbaren Laden,
drinnen Gewebe mit träumenden Faden,
Perlen, gelandet an andern Gestaden,
Kronen kommender Reiche sind …

Ich fühle oft mitten im Alltagsmühn
wenn mein Wesen dürstet:
Alltagsabend und Sonntagsfrühn
hat mich dennoch gefürstet.

Ich weiß oft mitten im Alltagsgrau:
Ich darf mit meinem Beschwören
deine Stille nicht stören.

Du bist so leise, liebe Frau.
Du wirst mein Schweigen hören.

Sei du mir Omen und Orakel
und führ mein Leben an zum Fest,
wenn meine Seele, matt vom Makel
die Flügel wieder fallen lässt.

Gib mir das Niebesessne wieder:
das Glück der Tat, das Recht zu Ruhn, –
mit einem Wiegen deiner Glieder,
mit einem Blick für meine Lieder,
mit einem Grüßen kannst du's tun.

Das Leben ist gut und licht.
Das Leben hat goldene Gassen.
Fester wollen wir's fassen,
wir fürchten das Leben nicht.

Wir lieben Stille und Sturm,
die bauen und bilden uns beide:
Dich – kleidet die Stille wie Seide,
mich – machen die Stürme zum Turm …

Ich denke an Frauen aus lichten Legenden.
Sie erschauern in scheuem Schmerz.
Und in hellen heiligen Händen
bringen sie weinend ihr weißes Herz,
schreiten einsam durch weite Gelände
wilde Wege, lebenwärts –

Und in heischende heiße Hände
legen sie leise ihr weißes Herz.

Du lächelst leise, und das große
Auge grüßt die Dämmerung.
Die Hände schimmern dir im Schooße
und deine Hände sind so jung.

Sie sind nicht müde, wenn sie rasten;
ein Lauschen nur ist ihre Ruh.
Sie warten wie auf Orgeltasten
einer neuen Hymne zu.

Leg du auf meine Lebensgeige
die Hände an des Schicksals Statt, –
dass ich vergesse, wasfür feige
Töne jede Saite hat.

Lehr mich ein Lied. Ein Lied, das zage
wie Glückserinnerung beginnt.
Ein Lied für meine Feiertage,
die ohne alle Hymne sind.

Wenn eng mit Zeit und Stundenschlagen
der Alltag ärmlich uns umspinnt,
geschieht mir oft: ich muss dich fragen:
Glaubst du, dass wir das selber sind?

Wir gehn gewiss in stillen Wiesen,
aus denen Zeit und Stunde wich,
und unsre Stirnen sind gleich Friesen
mit Knaben die auf Flöten bliesen,
so friedlich, still und feierlich.

Wir wissen nicht vom Sinn der Tage.
Und unsre kühlen Hände sind
zwei Zweigen ähnlich, die sich zage
entgegenwachsen durch den Wind.

Im Alltag tasten unsre Träume
uns mühsam nach und sind in Mühn,
wenn wir schon, schön wie junge Bäume,
dem Sommerlos entgegenblühn.

Ich bin so still, du Traute,
und immer schweigen wir.
Du bist eine schlanke Laute,
der Frühling spielt auf dir.

Drum bin ich so still, du Ziere,
weil oft mir Angst geschieht,
dass ich einen Laut verliere
aus deinem lieben Lied.

So milde wie Erinnerung
duften im Zimmer die Mimosen.
Doch unser Glaube steht in Rosen,
und unser großes Glück ist jung.

Sind wir denn schon vom Glück umglänzt?
Nein, uns gehört erst dieses Rufen,
dies Stillestehn auf weißen Stufen,
an die der tiefe Tempel grenzt.

Das Warten an dem Rand des Heut.
Bis uns der Gott der reifen Keime
aus seinem hohen Säulenheime
die Rosen, rot, entgegenstreut.

Nur fort von allen vielen,
welche das Leben spielen:
Das war mein blindes Zielen,
war ohne Sinn und Saum.
Jetzt weiß ich: Dir entgegen
trieb ich auf tausend Wegen
am Tage und im Traum.

Und du bist das Erlösen,
nach welchem ich in bösen,
bangen Fiebern schrie;
im Dicherkennen sanken
meine reisigen reifsten Gedanken
wie Kinder in die Knie.

Der Sturm will herein,
ihm ist bang in den Bäumen.
Und ich bin allein
und traurig von Träumen,
die ich durchlitt.
Und ich sehne mich längst:
nicht sinnen und säumen, –
wie einen Hengst
ihn zähmen und zäumen
zu berauschendem Ritt.
Und des Sturmes Schritt
soll in leichtem befreiendem Wagen
weit an die Wipfel der Wälder schlagen,
über Wasser und Wall, über Nachten und Tagen,
über Hüttenhocken und Kirchenragen,
über Tiefen und Türme tragen!

Und *du* komm hoch! Meinem jubelnden Jagen
raub ich dich mit.

Der Abend ist mein Buch. Ihm prangen
die Deckel purpurn in Damast.
Ich löse seine goldnen Spangen
mit kühlen Händen, ohne Hast.
Und lese seine erste Seite,
beglückt durch den vertrauten Ton, –
und lese leiser seine zweite,
und seine dritte träum ich schon …

Du weißt: mein müder Wille
lag vor dir auf den Knien,
und flehte: »Sei die Stille …«
Und du erhörtest ihn.

Du sahst: in heißem Hauchen
ward Kranz und Kraft ihm alt,
und er muss Kühle brauchen –:

da warst du wie der Wald.

Und hattest tausend Tiefen,
und wurdest wild und weit,
und viele Stimmen riefen
aus deiner Seltsamkeit.

Du warst so kinderweiß in deiner Seide,
ich aber wollte dich zur Königin;
und ging hinaus zum wilden Wuchs der Weide
und sagte ihr, dass ich der Herbststurm bin …:

Da gab sie gerne ihre Gerten hin.

Ich feierte ein Fest der Flagellanten,
und als die Narben in den Nächten brannten, –
ließ ich dir leise von den roten Ruten
den Purpur um die weißen Schultern bluten,

bis alle meine Königin erkannten.

Komm ich heimwärts oft von weiten Wegen,
bin ich leise und mein Aug ist klar.
Dann ersehn ich blondes Kinderhaar,
leise meine Hände hinzulegen.

Und ein Wort, an das nur Kinder glauben,
geht auf meinen Lippen sinnlos ein, –
und ich warte weinend, wann im Wein
sich erfüllen wird der Traum der Trauben.

Im Traume malte ich ein Triptychon:

Licht
in der Mitte stand dein Mutterthron.
Du wiesest lächelnd hin zum linken Rahmen,
und meine Tochter nanntest du beim Namen –
und dann zum rechten: »Siehe deinen Sohn.«

Und beide Kinder waren zart und zag,
und ihre Augen sprachen sanften Segen.
Sie trugen Gold aus tausendeinem Tag
auf ihren Haaren deinem Licht entgegen.

Sie gingen leise, die dein Lächeln lenkte.
Es wurde ihren Schritten Melodie;
du warst die Schenkende und Dochbeschenkte:
so reich warst du, so selig waren sie.
Still hing der Himmel hinter deinem Throne
in blauer Tale fernes Irgendwo:
hinter den Heiligen des Giorgione
verleuchtete die *terra ferma* so.

Ich stand in Staunen: *Eine Stille strahlte*
um meine Dreiheit . . .
Die Erinnerung,
dass *ich* der Meister bin, der *so* dich malte,
bleibt nach dem Traum und macht den Mut
mir jung.

Und wenn ich rastend dir die Hände gebe,
und dann mein Schauen in die Himmel hebe:
wie pfeilgetroffen aus der ersten Schwebe
fällt dir mein Blick ersterbend in den Schooß.
Ich berge meine Stirne und ich bebe:
die Nächte sind noch immer sternelos.

Und diese Nächte zeigen mir kein Ziel.
Sie leben von des Abends Glanzalmosen,
von den Laternenlampen, von den losen
Reflexen, von dem irren Irrlichtspiel, –
und warten, bis aus roten Morgenrosen
der blasse Tag in ihre Fenster fiel.

Und ich muss denken, wie die Nächte nahen,
nach denen meine Träume lange schmachten:

Sie fahren an wie diamantne Yachten
und tragen frohe Fahnen, hohe Frachten,
alle Matrosen sind in Märchentrachten
und fremde Vögel, welche Winde brachten,
die günstig wehten, rasten in den Rahen.
Und aufwärts von der Kühle ihres Kieles
bis an der Maste matte Flammenspitzen:
Das Silber in den Rissen, Rillen, Ritzen,
Kleinode, die an Bord und Bug erblitzen,
die Sehnsucht ihrer Segel – und noch vieles –
wird Alles unsre Seligkeit besitzen.

... Oft sehn sich unsre Seelen tagelang nicht.
Und meine, dürstend, deine zu entdecken,
will ihre Arme aus dem Alltag strecken,
schaut hinter deines Lachens Rosenhecken
und lugt und lauscht und findet ihren Klang nicht.

Aber ich ahne an Abendrainen
werden wir unsere Seelen uns zeigen.
Und aus der meinen und aus der deinen
werden Gestalten der Stille steigen,
die sich leise entgegenweinen ...

Wenn ich manchmal in meinem Sinn
ein Begegnen dem andern vergleiche:
du bist immer die reichende Reiche
wenn ich der dürftige Bettler bin.
Wenn du mir leise entgegenlebst
und, kaum lächelnd, mit einem Male
deine Hand aus Gewändern hebst,
deine schöne, schimmernde, schmale ...:

in *meiner* Hände hingehaltne Schale
legst du sie leichtgelenk,
wie ein Geschenk.

Unsere Träume sind Marmorhermen,
die wir in unsere Tempel stellen,
und sie mit unseren Kränzen erhellen,
und sie mit unseren Wünschen erwärmen.

Unsere Worte sind goldene Büsten,
die wir durch unsere Tage tragen;
die lebendigen Götter ragen
in der Kühle *anderer* Küsten:

Wir sind immer in einem Ermatten,
ob wir rüstig sind oder ruhn,
aber wir haben strahlende Schatten,
welche die ewigen Gesten tun.

Einmal, am Rande des Hains,
stehn wir einsam beisammen
und sind festlich, wie Flammen –
fühlen: *Alles ist Eins.*

Halten uns fest umfasst;
werden im lauschenden Lande
durch die weichen Gewande
wachsen wie Ast an Ast.

Wiegt ein erwachender Hauch
die Dolden des Oleanders:
sieh, wir sind nicht mehr anders,
und wir wiegen uns auch.

Meine Seele spürt,
dass wir am Tore tasten.
Und sie fragt dich im Rasten:
Hast Du mich hergeführt?

Und du lächelst darauf
so herrlich und heiter
und: bald wandern wir weiter:
Tore gehn auf ..

Und wir sind nichtmehr zag,
unser Weg wird kein Weh sein,
wird eine lange Allee sein
aus dem vergangenen Tag.

… Bannt mich die Arbeit an den Rand des Pultes:
es rauscht um mich wie tausend Cherubim;
es findet mich in Tagen des Tumultes
und in der Stille finde ich zu ihm:

Das ist das Lied, das deine Tage sind.

Und wenn es dunkelte, so ist um keinen
so tiefe Schweigsamkeit, so weites Land …
Ich höre Ungeklungnes. Und mein Weinen
ist einer tiefen Seligkeit verwandt:

der Seligkeit, die deine Nacht verschweigt.

Fragst du mich: Was war in deinen Träumen,
ehe ich dir meinen Mai gebracht?
War ein Wald. Der Sturm war in den Bäumen
und auf allen Wegen kam die Nacht.

Waren Burgen die in Feuer standen,
waren Männer, die das Schlachtschwert schlugen,
waren Frauen, die in Wehgewanden
Kleinod weinend aus den Toren trugen.

Kinder waren, die an Quellen saßen,
und der Abend kam und sang für sie,
sang solang, bis sie das Heim vergaßen
über seiner süßen Melodie.

Und ob ihr mich von Herd und Heimat triebt
noch eh ich wusste, wie die Winde wehn,
und ob ihr mich von Herd und Heimat triebt,
ich muss im Fernen nicht im Fremden gehn
und muss nicht bang sein; mir kann nichts geschehn,
seit ich begreife, wie mich alles liebt.

Ich hab das ›Ich‹ verlernt und weiß nur: *wir.*
Mit der Geliebten wurde ich zu zwein;
und aus uns beiden in die Welt hinein
und über alles Wesen wuchs das *Wir.*

Und *weil wir Alles sind, sind wir allein.*

Ich schreite einsam weiter. Mir zuhäupten
fühl ich den Frühling in den Zweigen zittern.
Und einmal werde ich mit unbestäubten
Sandalen warten an den Gartengittern.

Und du wirst kommen wenn ich dann dich brauche,
und wirst mein Zaudern nehmen als ein Zeichen,
und wirst mir still vom allerletzten Strauche
die vollen Sommerrosen niederreichen.

… Und dein Haar, das niederglitt,
nimm es doch dem fremden Winde, –
an die nahe Birke binde
einen kusslang uns damit.

Dann: zu unseren Gelenken
wird kein eigner Wille gehn.
Das, wovon die Zweige schwenken
das, woran die Wälder denken
wird uns auf und nieder wehn.

Näher an das Absichtslose
sehnen wir uns menschlich hin;
lass uns lernen von der Rose
was du bist und was ich bin …

O rüste dich. Leg jeden Abend leise
von deinen Dingen eines in die Truhen.
Denn wenn wir eine weite Reise tuen,
soll alles dienen dieser weiten Reise.

Lass nur die liebsten Bilder an der Wand.
Und zärtlich aus den Vasen heb die blinden
Mitternachtsblumen. Wenn wir andre finden,
soll keiner wissen mehr: in *welchem* Land.

Und lass zurück in deinen dunklen Schränken
die schwarze Tracht. Die Kleider aus dem Gestern.
Dein Leib soll nie mehr dieses Dunkel denken.

Und deine Seele muss ein Kleid ihm schenken,
das ihrem gleicht …
so schreiten sie wie Schwestern …

Mir ist, als ob ich alles Licht verlöre.
Der Abend naht und heimlich wird das Haus;
ich breite einsam beide Arme aus,
und keiner sagt mir, wo ich hingehöre.

Wozu hab ich am Tage alle Pracht
gesammelt in den Gärten und den Gassen,
kann ich dir zeigen nicht in meiner Nacht,
wie mich der neue Reichtum größer macht
und wie mir alle Kronen passen?

Es ist ja Frühling. Und der Garten glänzt
vor lauter Licht.
Die Zweige zittern zwar
in tiefer Luft, die Stille selber spricht,
und unser Garten ist wie ein Altar.

Der Abend atmet wie ein Angesicht,
und seine Lieblingswinde liegen dicht
wie deine Hände mir im Haar:
ich bin bekränzt.

Du aber siehst es nicht.
Und da sind alle Feste nichtmehr wahr.

Was hilft es denn, dass ich dir aufbewahre
aus meinem Wandern manches Wunderbare,
das ich empfing, und das mir fremd entglitt –
ich will nicht, dass ich Rosen für dich *spare*,
ich will sie jung in deinem jungen Haare,
und wenn ich *wieder* in den Frühling fahre:
dann musst du mit.

So viele Villen weiß ich jetzt, in denen
kein fremder Fuß die große Stille stört,
so viele Gärten, die sich sonnig sehnen,
mit Abenden, Terrassen und Fontänen,
und manche warme Nacht an Arnolehnen,
die bange ist, weil sie nicht uns gehört.

Du bist, als ob du segnen müsstest
wen die Madonnen längst vergaßen;
und oft, im Sommer, wenn du wüsstest:
da kamst du von den Abendstraßen
so klar, als ob du Kinder küsstest,
die traurig wo am Saume saßen.

Und jeder Rhythmus, der verschwiegen
aus stillen Wiesen aufgestiegen,
schien innig sich dir anzuschmiegen,
bis alles Winken, alles Wiegen
nur in *dir* war und nirgends mehr.
Und mir geschah: die Welt verginge –
und das Vermächtnis aller Dinge,
ihr letztes Lied, bringst du mir her …

Zu dieser Ausgabe

Der Band folgt der Ausgabe:

> Rainer Maria Rilke: Sämtliche Werke. Hrsg. vom Rilke-Archiv. In Verb. mit Ruth Sieber-Rilke bes. durch Ernst Zinn. 6 Bde. Bd. 3: Jugendgedichte. Wiesbaden: Insel, 1959. S. 173–198.

Die ursprüngliche Zusammenstellung für Lou Andreas-Salomé umfasste an die hundert Gedichte, die Rilke zwischen dem 26. Mai 1897 und dem 22. Mai 1898 niederschrieb. Das genaue Datum ist unbekannt. Das aus dem Nachlass Andreas-Salomés stammende Manuskript enthielt jedoch nur noch die Hälfte der Gedichte. Zwar finden sich die ersten Niederschriften der Gedichte in gleicher Abfolge in Rilkes Skizzenbüchern von 1897/98 (Rilke-Archiv), doch treten zwischen den Gedichten mehr als die bloß vermissten auf, so dass sich der Band nicht mehr eindeutig rekonstruieren lässt.

Für diese Ausgabe wurde die Orthographie behutsam dem heutigen Sprachgebrauch angeglichen. Interpunktion und spezielle, von Rilke bewusst so vorgenommene Schreibweisen (z. B. »sprängen«, »niebegehrte«, »Schooß«) wurden beibehalten.

Nachwort

Ich hab das ›Ich‹ verlernt und weiß nur: *wir*

»Anlässlich irgendeiner gemeinsamen Theaterverabredung brachte Jakob Wassermann an unsere Plätze einen Freund, den er wünschte vorzustellen: Es war René Maria Rilke«, berichtet Lou Andreas-Salomé in ihrem *Lebensrückblick*. Der junge Dichter war schon vorher in ihr Leben getreten. Er hatte ihr anonym Gedichte in die Münchner Pension Quistorp geschickt, als er erfahren hatte, dass sie sich dort aufhielt. Nun, nach der ersten persönlichen Begegnung, schrieb er ihr umgehend einen Brief. Lou Andreas-Salomé erkannte die Handschrift sofort – und damit war das Geheimnis des anonymen Poeten gelüftet. »Ich mag gar nicht mehr ausgehen«, gestand er Lou Andreas-Salomé am Abend des 9. Juni 1897. »Ich will nicht zu den Menschen reden, damit ich den Nachklang Deiner Worte, der wie ein Schmelz über den meinen zittert und ihren Klang reich macht, nicht verschwende, und ich will nach der Abendsonne kein Licht mehr sehen um am Feuer Deiner Augen tausend leise Opfer zu entzünden.« Da kannten sie sich noch keinen Monat, der 21-jährige Student aus Prag und die 36-jährige Autorin und Kosmopolitin aus St. Petersburg.

Lou Andreas-Salomé lebte damals mit ihrem Mann, dem Orientalisten Friedrich Carl Andreas, mit dem sie seit zehn Jahren verheiratet war, in Schmargendorf bei Berlin. Im Frühjahr 1897 hatte sie, wie fast jedes Jahr um diese Zeit, ihre Mutter und ihre Brüder in ihrer Geburtsstadt St. Petersburg besucht. Anschließend reiste sie nach München und logierte in den »sogenannten Fürstenhäusern der Schellingstraße«.

René Maria Rilke war im September 1896 nach München gekommen, um Philosophie zu studieren. Mit der Literaturzeitschrift *Wegwarten* wollte er »dem Volke« die »moderne Dichtung« nahebringen. Am 13. Mai 1897 bekannte Rilke: »Gnädigste Frau, es war nicht die erste Dämmerstunde gestern, die ich mit Ihnen verbringen durfte. Da gibts in meiner Erinnerung eine, die mich arg verlangen machte, Ihnen ins Auge zu sehen.« Im letzten Winter hätte er ihren Essay *Jesus der Jude* gelesen, berichtete er weiter. »Mir war wie einem, dem große Träume in Erfüllung gehen mit ihrem Guten und Bösen; denn ihr Essay verhielt sich zu meinen Gedichten wie Traum zu Wirklichkeit wie ein Wunsch zu Erfüllung.«

Ganz im Gegensatz zu dem drängenden Verlangen Rilkes, die Bekanntschaft weiter zu vertiefen, stand Lou Andreas-Salomés abwartende Gleichgültigkeit. Sogar nachträglich in ihren Aufzeichnungen bagatellisierte sie das Kennenlernen des jungen Dichters. Doch er blieb davon unbeeindruckt, ließ sich nicht auf Distanz halten, sondern tat das, was ihm am nächsten lag: Er schrieb ihr, und schon in die ersten Briefe mischten sich Gedichte hinein. Am Ende wird er ihr zahlreiche Gedichte widmen. Hingebungsvolle Gedichte, die er später unter dem Titel *Dir zur Feier* versammeln wird. In ihnen war er mutiger, direkter als in seinen an sie persönlich gerichteten Zeilen. Die anonyme, strenge poetische Form erlaubte emotionale Grenzüberschreitungen.

> Ich möchte Purpurstreifen spannen / und möchte füllen bis zum Rand mit Balsamöl aus Onyxkannen / die Blumenlampen, die entbrannt / im Mittag flammen, und verbrennen / bis wir uns mit dem Namen nennen [...]

Das Werben des Dichters wurde jedoch gewaltsam gestört durch ein unerwartetes Schreiben der k.u.k-Militärbehörde. Rilke erhielt den Befehl, sich umgehend in Böhmisch-Leipa bei Prag zur Musterung einzufinden, wo über seine Militärdiensttauglichkeit entschieden werden sollte. Mehr als den Kriegsdienst fürchtete er die damit verbundene Trennung von der Frau, in die er sich verliebt hatte und auf die sich all seine Gedanken und Gefühle, erotische wie poetische, konzentrierten. In diesem Moment gab Lou Andreas-Salomé ihre Zurückhaltung auf und eröffnete ihm die Möglichkeit einer gemeinsamen nahen Zukunft: Bevor Rilke Richtung Prag aufbrach, fuhr sie mit ihm zwei Tage aufs Land, in die Umgebung des Starnberger Sees, um sich nach einem geeigneten Domizil umzusehen, in dem sie den Sommer verbringen würden, falls Rilke nicht eingezogen werden sollte. Sie fanden es in Wolfratshausen.

Am 3. Juni 1897 reiste Rilke frühmorgens nach Prag und telegrafierte Lou Andreas-Salomé bereits am nächsten Tag: »Frei und bald auch froh« – aus gesundheitlichen Gründen war er für dienstuntauglich erklärt worden. Zurück in München setzte er sein schwärmerisches Bemühen um die Zuneigung der angebeteten Frau fort.

> Lehr mich ein Lied. Ein Lied, das zage / wie Glückserinnerung beginnt. / Ein Lied für meine Feiertage, / die ohne alle Hymne sind.

Doch nicht nur in seinen Gedichten verehrte er sie, sondern auch in seinen Briefen: Er nennt sie eine große Revolutionärin, erinnert an den »Märchenmorgen« und die »Inselstunden«, die sie zusammen verbracht haben, und prophezeit ihr: »Einmal in vielen Jahren wirst du ganz verstehen, was Du mir bist.«

Während sich Rilke immer stärker ausschließlich auf Lou Andreas-Salomé konzentrierte, pflegte sie weiterhin vielfältige Freundschaften und Beziehungen, was bald für Spannungen innerhalb der jungen Liebe sorgte. Doch Rilke hielt sich nicht zurück, sondern kostete das Hochgefühl des Liebens aus. In seinem Bewusstsein etablierte sich Lou Andreas-Salomé in den unterschiedlichen Rollen, die sie von Anfang an für ihn spielte: Geliebte, Freundin, Schwester, Mutter, Lehrerin. All das verkörperte sie für ihn schon in der ersten Zeit ihrer Beziehung – noch dazu als Ehefrau eines anderen Mannes. Doch an ihrer Seite erschien Rilke das vollkommen natürlich. Sie lebte so, wie sie tatsächlich empfand, und setzte sich leichten Herzens über Konventionen hinweg.

> Und dann spricht Lou. / Und es verneigen sich unsre Seelen.

Mit Rilkes frühen Gedichten konnte Lou Andreas-Salomé damals allerdings wenig anfangen, doch sie erkannte das ungeheure Potential, das in ihnen steckte. Noch war es zwar verdeckt von Pathos und »Gefühlsüberschuss«, aber sie war sicher, dass er sich davon befreien würde. Rilke war auf einem vielversprechenden Weg, nicht an Vorbildern orientiert, sondern immer in sich selbst hineinhorchend und die Geliebte anrufend.

Sei du mir Omen und Orakel / und führ mein Leben an zum Fest, / wenn meine Seele, matt vom Makel / die Flügel wieder fallen lässt.

René aus Prag

René Karl Wilhelm Johann Josef Maria Rilke wurde am 4. Dezember 1875 in Prag geboren. Sein Vater Josef Rilke war Magazin-Chef bei der k.u.k. Turnau-Kralup-Eisenbahngesellschaft. Seine Mutter Sophie, genannt Phia, entstammte der großbürgerlichen Deutschprager Familie Entz.

René war ein schwächliches Kind, das oft von Krankheiten und Ängsten geplagt wurde. Die Mutter war beinahe hysterisch um ihn besorgt, denn sie hatte schon eine schlimme Erfahrung hinter sich: Ein Jahr zuvor war ihre Tochter wenige Tage nach der Geburt gestorben. Nun nahm der Sohn deren Stelle ein. Nicht von ungefähr bedeutet sein Name René »der Wiedergeborene« und ist auch in der weiblichen Form gebräuchlich. Der kleine René übte von Anfang an eine Art Stellvertreterfunktion aus, der die Mutter für den großen Verlust, den sie erlitten hatte, entschädigte. Fünf Jahre lang wurde er von ihr wie ein Mädchen erzogen. Er trug langes Haar, feine Kleider und spielte mit Puppen. Schon früh machte ihn die Mutter mit der Literatur vertraut. Mit sieben schrieb er Gedichte ab und lernte sie auswendig. Als er neun Jahre alt war, trennten sich die Eltern: Phia war in ihren Hoffnungen auf ein standesgemäßes Leben enttäuscht worden, denn ihr Ehemann hatte nicht die Karriere gemacht, die sie für ihn und sich erhofft hatte. Sie ließen sich scheiden und lösten das Zuhause auf.

René wurde in ein Internat gesteckt und besuchte vier Jahre lang die Militärakademie von St. Pölten in Niederösterreich, die für ihn zu einem Synonym für die Hölle wurde. Man wollte ihn dort auf die Offizierslaufbahn vorbereiten, doch die Konfrontation mit dem militärischen Drill und einer reinen Männergesellschaft brachte ihn in eine schwere existenzielle Krise. Er begann unter starken Gemütsschwankungen zu leiden, wechselte zwischen Euphorie und Depression.

Schon damals entwickelte er eine Verhaltensstrategie, die er lebenslang beibehalten würde: Wenn er Zuneigung zu einem Menschen verspürte, wollte er diesen ganz für sich allein haben. In einer Gruppe von Menschen fühlte er sich unwohl. Er ertrug es nicht, einer unter vielen zu sein. Erst die Kontaktaufnahme mit einem einzelnen Menschen aus der Gruppe riss ihn heraus aus dem Verlassenheitsgefühl und ließ die anderen unwichtig werden. Auch das spiegelt sich in seinen Gedichten an sie wider:

Ich hab das ›Ich‹ verlernt und weiß nur: *wir.* / Mit der Geliebten wurde ich zu zwein; / und aus uns beiden in die Welt hinein / und über alles Wesen wuchs das Wir.

Louise aus St. Petersburg

Lou Andreas-Salomé wurde am 12. Februar 1861 als Louise von Salomé in St. Petersburg geboren. Ihr Vater, Gustav von Salomé, stand als General im Dienst Zar Nikolaus' I. Die deutschstämmige Familie, der er entstammte, kam aus dem Baltikum und war 1810 nach St. Petersburg gezogen. Obwohl Deutsch die erste Sprache in der Familie Salomé war und sie vor allem in Einwandererkreisen verkehrte, fühlten sich ihre Mitglieder als Russen. Deutsch sprachen sie, weil die Mutter, Louise Wilm, deutsch-dänischer Abstammung war. Sie war die Tochter eines wohlhabenden Zuckerfabrikanten.

Louise von Salomé wurde von einer Amme aufgezogen, die ihr die körperliche Zuwendung schenkte, die ihr die Mutter nicht geben konnte oder wollte. Dagegen war das Verhältnis zu ihrem Vater ein sehr inniges und prägend für ihr weiteres Leben. Sie empfand ihn als würdigen alten Mann, der ihr freundlich gesonnen war und auf den sie sich verlassen konnte.

Bald vermischte sich das Bild des Vaters mit dem des von ihr imaginierten Gottes.

Jeden Abend vor dem Einschlafen führte sie ein Zwiegespräch mit Gott. Es waren nicht nur ihre eigenen täglichen Erlebnisse, die sie ihm berichtete, sondern auch Geschichten – »freigebig und unaufgefordert« –, die sie sich ausgedacht hatte. Weil ihr klar war, dass er in seiner Allwissenheit all das längst kannte, leitete sie ihre Erzählungen jeden Abend mit der Floskel »Wie du weißt« ein. Damit hatte sie seiner Weisheit Respekt gezollt und konnte nun unbekümmert drauflosreden – bis es eines Tages zu einer Katastrophe, zu einem Ur-Schock kam. Ihren *Lebensrückblick* beginnt Lou Andreas-Salomé mit der Schilderung dieses Ur-Schocks, der durch das Schweigen Gottes ausgelöst wurde, als sie seiner Antwort einmal sehr bedurfte. Es dauerte nicht lange, bis sich bei ihr die Vermutung einschlich, dass es ihn womöglich gar nicht gab. Nachdem dieser beunruhigende Gedanke das erste Mal aufgetaucht war, wurde sie ihn nicht mehr los.

Lou Andreas-Salomé hatte früh gelernt, auf ihren eigenen Verstand und ihre eigene Wahrnehmung zu vertrauen – eine Folge des Gottesverlusts. Vieles, was ihr die Erwachsenen vermittelten, überzeugte sie nicht, zum Beispiel die unterschiedliche Behandlung und Bewertung von Jungen und Mädchen. Es schien ihr absurd, dass Jungen als klüger galten; und sie hielt es für ungerecht, dass sich daraus mehr Freiheiten ableiteten. Ihre eigene Gesellschaftsschicht betrachtete sie kritisch. Den für sie vorgesehenen Lebenslauf mit standesgemäßer Heirat und Familiengründung fand sie lächerlich. Sie wusste, was sie wollte, nur nicht, wie sie es realisieren konnte. Wie ließ sich eine Eheschließung mit ihrem Lebensentwurf vereinbaren, bei dem Freiheit und Entwicklung der Persönlichkeit oberste Priorität hatten? Absolute Gleichstellung von Mann und Frau war eine Grundbedingung, die sie niemals zur Disposition stellen würde.

Auch Rilke beanspruchte für sich und sein Leben größtmögliche Freiheit. Er wollte als Dichter berühmt werden und fürchtete, jeder Beruf, jede regelmäßige Tätigkeit würde ihn daran hindern – genau wie feste familiäre Bindungen. Längst hatte er, auf Anraten von Lou Andreas-Salomé, den Namen René abgelegt und sich Rainer genannt. Ein Name, der ihr männlicher und für einen Dichter passender schien.

Die russischen Dinge

Lou Andreas-Salomé und Rainer Maria Rilke reisten zweimal zusammen nach Russland. Beim ersten Mal wurden sie von Lous Ehemann begleitet. Zu dritt machten sie sich am 25. April 1899 auf den Weg nach

Moskau, wo sie zwei Tage später, kurz vor dem russischen Osterfest, eintrafen. Lou Andreas-Salomés Aufforderung, sie auf ihrer jährlichen Reise nach Russland zu begleiten, war eine große Auszeichnung für Rilke. Russland bedeutete für Lou viel mehr als das Land ihrer Kindheit. Seine Wirkung reichte weit in die Gegenwart hinein. Mit der größten Liebe ihres Lebens reiste sie in das geliebte Land ihrer Kindheit, mit dem sie eng verbunden geblieben war – ein Wagnis. An Rilkes Seite macht sie eine unerwartete nachhaltige Erfahrung. Es sei ihre Natur gewesen, so gesteht sie in ihrem Russland-Tagebuch, nach allem zu greifen, was sie zu sich selbst brachte: »ich verbrauchte es für mich«. Das galt sowohl für Menschen, als auch für Orte und Landschaften. Sie bildeten nur den Rahmen für das, was sie tatsächlich interessierte: ihre eigenen Erkenntnisse. Das sollte sich auf ihrer Russland-Reise fundamental ändern. War es das Verdienst der Landschaft oder ihres Reisebegleiters?

Erstmals schien die Landschaft aufzubegehren und sich gegen den Kulissenstatus zu wehren. Es begann damit, dass Lou Andreas-Salomé eine überdeutliche, beinahe übersteigerte Wahrnehmung bei sich registrierte. Auf diese Weise hatte sie ihre Umgebung noch nie angeschaut. Es irritierte sie, dass die Außenwelt eine eigene Präsenz entwickelte, die von ihrer momentanen Gemütsverfassung nahezu unabhängig war. Wie war das möglich? Welchen Einfluss hatte ihr Reisebegleiter? Wie weit würde ihre Identifikation mit seiner Sichtweise noch gehen? Und würde sie sich dabei nicht von sich selbst entfernen?

Rilke setzte in ihre erste gemeinsame Russland-Reise große Erwartungen. Er suchte nach neuen literarischen Ausdrucksformen, die äußeres und inneres Geschehen gleichberechtigt zum Ausdruck brachten. Er strebte nach Einfachheit und Klarheit, wollte das Pathos und das allzu Romantische überwinden. Sein Ziel war das Innere eines Gegenstands oder eines Gefühls, er wollte sein Zentrum direkt treffen. An einem Ort wie Russland, in einer Welt, in der er überall mystische Zeichen fand, mit denen die Menschen ganz selbstverständlich umgingen, glaubte er, seine Absicht verwirklichen zu können. Damals prägte er einen Begriff, der danach immer wieder wie ein Codewort in seinen Tagebüchern und in seiner Korrespondenz auftauchte: »die russischen Dinge«. Ohne ihn näher zu erläutern, benutzte er ihn als Synonym für den so vollkommen anderen, fremden Umgang mit der Welt, den er in Russland zu finden hoffte – und fand.

Beflügelt in seinem Schaffen wurde Rilke am Ende des Jahres 1899 durch die Aussicht einer zweiten Russland-Reise. Sie war für das nächste Jahr geplant. Diesmal sollte sie ohne Friedrich Carl Andreas stattfinden, was bedeutete, dass nicht familiäre Belange und Rücksichten, sondern Lou und er im Vordergrund stehen würden. Vor Antritt der Reise war Rilke angespannt und übernervös. Er konnte es kaum erwarten, endlich wieder in das Land zu kommen, dem er sich so verwandt fühlte. Am Abend des 7. Mai 1900 startete das Paar in Berlin-Charlottenburg und kam am Morgen des 9. Mai in Moskau an. Dort besuchten sie Theatervorstellungen und Gottesdienste. Sie wollten allerdings nicht nur in das kulturelle Leben der Stadt, sondern auch in den Alltag der »einfachen Leute« eintauchen.

Lou Andreas-Salomé und Rilke fuhren anschließend weiter nach Tula, Kiew und Saratow, wo ihre Wolgareise begann. Einen Monat lang waren sie unterwegs – es wurde für beide eine existenziell entscheidende Zeit. Anscheinend hatten sie nicht bedacht, dass das gemeinsame Erleben außerordentlicher Ereignisse zwei Menschen nicht notwendigerweise zusammenschweißen musste. Es konnte durchaus den gegenteiligen Effekt haben. Die äußere Umgebung, in der sie sich aufhielten, war für beide dieselbe, die Bilder und Szenen, die sich vor ihren auftaten, ebenso – aber die daraus resultierenden inneren Bilder waren fundamental verschieden.

Die Landschaft war überwältigend. Um nicht darin zu verschwinden, versuchte Rilke, das, was er sah, literarisch umzusetzen. Weil es ihm nicht sofort gelang, geriet er in extreme Spannungszustände, die sich in

Angst verwandelten. Das, was in ihm tobte und zur Entfaltung drängte, der Überschuss an Gefühlen, ließ sich nicht in eine Form bringen, die ihn zufriedenstellte. »Du nanntest es die von Angst irregeleitete Produktivität, wie einen verzweifelten Ersatz für den von Dir entschlüpften Formungsbefehl«, erinnerte sich Lou Andreas-Salomé. Rilke befand sich in einem doppelten Dilemma: Er konnte sein Inneres nicht bezähmen, gleichzeitig bedrohte ihn die Weite der Landschaft. Sie gab ihm nicht das Gefühl der Freiheit, sondern erzeugte eine Hilflosigkeit, die sich zu Horrorgefühlen steigerte. Die Natur erschien ihm nicht als stärkende, sondern als bedrohende Kraft. Lou Andreas-Salomé erfand dafür den Begriff »Vergespensterung«.

Während Rilke die Gegend, durch die sie reisten, mehr und mehr als trostlos empfand, fühlte sich Lou Andreas-Salomé immer stärker geborgen. Das Paar driftete auseinander. Lou hatte ihre »lebendige Heimat« wiedergefunden; Rilke hatte vertraute Sicherheiten verloren und verlor sie weiter: Als ihnen in dem kleinen Dorf, in dem sie nach der Wolgafahrt eine Weile bleiben wollten, das Lager gerichtet wurde, verlangte Lou einen zweiten Strohsack, der ihnen von der verblüfften Vermieterin nur zaudernd zur Verfügung gestellt wurde. Ihre diesbezügliche Eintragung im Russland-Tagebuch hat Lou Andreas-Salomé am Rand mit dem Kommentar versehen: »Sie können nicht begreifen, warum nicht einer genügt: ›Er ist ja breit!‹«

Lou blieb nur wenige Tage in St. Petersburg, dann fuhr sie weiter nach Rongas in Südfinnland, wo ihre Familie die Ferien verbrachte. Rilke mietete sich in einer Petersburger Pension ein und verbrachte dort einen Monat. Er arbeitete in der Bibliothek, besuchte Museen und traf Menschen aus »gelehrten Kreisen«, doch das konnte ihn nicht aus seinem Verlassenheitsgefühl herausreißen, in das er durch Lous überraschende Abreise geraten war. Wie ein alleingelassenes Kind bat er sie, schnell zu ihm zurückzukehren, und schickte ihr schließlich einen »hässlichen Brief«, den sie vermutlich zerriss. Er ist nicht erhalten, doch in ihrer Monographie *Rainer Maria Rilke*, die sie nach seinem Tod im Sommer 1927 verfasste, blickt Lou Andreas-Salomé noch einmal auf diesen Brief zurück. Sie erklärt, Rilke habe sich darin als einen »Verworfenen« bezeichnet.

Er fühlte sich zu Recht ausgeschlossen aus ihrem neuen Leben, denn sie wollte es ohne ihn führen. Zu extrem waren die Gefühlsschwankungen, die er während ihrer gemeinsamen Reise gezeigt hatte. Vor allem fühlte sie sich dadurch in eine Rolle gedrängt, die so gar nicht ihrem Charakter entsprach: die Rolle der Reagierenden. War es bisher immer sie selbst gewesen, die Art, Intensität und Verlauf einer Beziehung bestimmte, so drohte sich dies nun umzukehren. Nicht weil Rilke einen Rollentausch vornahm, bei dem er ihren Part beanspruchte, sondern weil er ihr seine Seelenzustände zumutete. Zeitweise sah sie die Welt mit seinen Augen und wählte sogar seine Worte, um ihre Eindrücke zu schildern. In Russland war Rilke dem Ansturm der Eindrücke hilflos ausgeliefert. Wie er sich in dieser Notsituation verhielt, war für Lou Andreas-Salomé unerträglich. Vor allem, weil sie den Sog spürte, ihm in diese Bereiche der Wahrnehmung zu folgen.

In ihrem Brief vom 26. Februar 1901, ihrem »letzten Zuruf«, in dem sie ihre Trennung bekräftigte, versuchte sie eine Erklärung: »Doch da kam etwas hinzu, – etwas, fast wie eine tragische Schuld gegen Dich: der Umstand, dass ich, trotz unseres Altersunterschiedes, seit Wolfratshausen immer noch wachsen musste, – weiter und weiter wachsen, bis in das hinein, was ich beim Abschied so froh erzählte, – ja, so seltsam es klingt: bis in meine Jugend hinein! denn erst jetzt bin ich jung, erst jetzt darf ich sein, was Andere mit 18 Jahren werden: ganz ich selbst. Darum verlor Deine Gestalt, – in Wolfratshausen noch so lieb und deutlich dicht vor mir, – sich mehr und mehr wie ein Einzelteilchen in einer Gesamtlandschaft, – in einer weiten Wolgalandschaft gleichsam, und die kleine Hütte darin war nicht die Deine.«

Ein halbes Jahr nach Rainer Maria Rilkes Tod am 29. Dezember 1926 begann Lou Andreas Salomé, ihrer

»Nachtrauer« eine literarische Form zu geben. 1928 erschien ihre Monographie *Rainer Maria Rilke.* Am Anfang steht der Tod, der schon in Rilkes ersten Texten zentrales Thema gewesen war. Lou Andreas-Salomé macht auf ein fundamentales Missverständnis in der Rilke-Rezeption aufmerksam, die seine Dichtkunst als Ausdruck von romantischer Todessehnsucht interpretiert. Sie entlarvt diese »falsche Romantik« und erklärt, »der da sang, meinte schon früh, schon von Beginn an, mit dem Hinweis auf das Sterbliche nicht den Tod, sondern das Leben.« Ein »ganz und gar zur Lebensdichtung geborener Dichter« sei er, dem es fernlag, »dem Tod poetisch zu schmeicheln«.

Was Rilke auszeichnete, war die Sehnsucht nach einer Lebensintensität, die ihn ganz erfüllte. Er wollte »wirklich sein«. Es gab Momente, in denen er sich nicht spürte, sondern sich allmählich selbst entglitt. Alle Empfindungen schienen sich nach und nach aus ihm herauszustehlen. Er fühlte sich leblos, genau wie die Welt um sich herum. Es ging so weit, dass er eine vertraute Umgebung nicht wiedererkannte, einen Weg, den er viele Male gegangen war, nicht wiederfand. Es konnte nicht mehr lange dauern, bis er selbst ganz verschwand, aufhörte zu existieren. Die Leere und das Unwirklichkeitsgefühl wurden manchmal abgelöst von einem Spannungsgefühl, das ähnlich unerträglich war. Für all das gab es nur eine Fluchtlinie: das Schreiben.

Das Leben ist gut und licht. / Das Leben hat goldene Gassen. / Fester wollen wir's fassen, / wir fürchten das Leben nicht.

Lou Andreas-Salomé war und blieb die Einzige, der er sich rückhaltlos anvertrauen konnte. Sie verstand, was er meinte, wenn er von seinem Alleinsein inmitten einer Gruppe von Menschen sprach. Es bedeutete nicht nur Isolation, sondern auch ein Ausgesetztsein. Lou Andreas-Salomé kam es so vor, als zerfiele der Dichter selbst in all die Menschen und ihre Schicksale, die ihn umgaben, als geriete er in sie hinein »wie in einen vergewaltigenden Überfall«, als »vergespenstere« er sich in sie. Doch – wie Phönix aus der Asche – stieg mitten aus diesem Chaos von Stimmungen, Assoziationen, Einfühlungen und Ängsten eine ordnende Instanz empor: der Dichter. Er fand seine Balance und seinen Halt in der Gewissheit, dass die Seele am Überwinden von Hindernissen, am Aushalten des Grauens und an den Kämpfen gegen die Angst »schaffend« werden würde.

Lou Andreas Salomé überlebte Rainer Maria Rilke um elf Jahre. Sie starb am 5. Februar 1937 in Göttingen. In ihrem *Lebensrückblick* erklärte sie ihm noch einmal ihre Liebe: »War ich jahrelang Deine Frau, so deshalb, weil Du mir das erstmalig Wirkliche gewesen bist, Leib und Mensch ununterscheidbar eins, unbezweifelbarer Tatbestand des Lebens selbst.« Die Veröffentlichung der frühen Gedichte, in denen er seine überwältigenden Gefühle für sie ausdrückte, hatte sie ihm untersagt. Sie wurden zu Lebzeiten der beiden nicht publiziert. Erhalten geblieben sind sie dennoch als Hommage an die Feier einer großen Liebe.

Gunna Wendt

Literatur

Lou Andreas-Salomé: Lebensrückblick. Grundriss einiger Lebenserinnerungen. Aus dem Nachlass herausgegeben von Ernst Pfeiffer. Frankfurt a. M.: Insel, 1974.

– Russland mit Rainer. Tagebuch der Reise mit Rainer Maria Rilke im Jahre 1900. Marbach: Deutsche Schillergesellschaft, 1999.

Ralph Freedman: Rainer Maria Rilke. Der junge Dichter 1875–1906. Frankfurt a. M.: Insel, 2001.

Rainer Maria Rilke: Tagebücher aus der Frühzeit. Frankfurt a. M.: Insel, 1973.

– Das Stundenbuch. Frankfurt a. M.: Insel, 1973.

– / Lou Andreas-Salomé: Briefwechsel. Frankfurt a. M.: Insel, 1989.

Gunna Wendt: Lou Andreas-Salomé und Rilke – eine amour fou. Berlin: Insel, 2010.

Register der Gedichtanfänge